U1006834

勇敢远行，

在我们老去之前……

陈彦妃　著

世界知识出版社

陈彦妃 Yedda Chen

生日：2月4日

星座：水瓶座

出生地：浙江舟山

学历：大学本科

爱好：钢琴、吉它、旅行

主要代表作：

《爱的创可贴》	饰	钟可可
《8090向前冲》	饰	于小曼
《我的灿烂人生》	饰	夏晴天
《单身公主相亲记》	饰	八　妹
《杜拉拉升职记》	饰	海　伦
《新包青天之黄金梦》	饰	慕容婉儿
《我心依然》	饰	依　然　荞　安　钟思琪
《星梦缘》	饰	林思彤

CONTENTS

目录

勇敢

B r a v e .

我做了一个梦。在梦里，我看到了自己抵达法国最美小镇安纳西，夕阳柔和地洒在我的肩上，轮廓若隐若现。于是，我决定勇敢一次！第二天，我放下手里所有的工作，订了飞往巴黎的机票……准备前往梦里的那个目的地。因为我知道，有的事情现在不做，就一辈子也不会做了。

很多事情就像是旅行一样，当你做出决定并迈出第一步的时候，最困难的那部分其实就已经完成了。在这里，能感受到他们的热情，也能感觉到不同国度对待事物的方式。如果不去接触未知，我们的感觉将变得迟钝，我们的世界就会变得很小，我们的心也一样。

当你下定决心准备出发时，最困难的时刻就已经过去了。
那么，出发吧。

旅途

Travel.

有时候突然不想奔波于工作了，有时候想瞬间拿上行李就旅行了，有时候一个人起床刷牙忽然想结婚了……太多的念头，只不过有时候幻想一下而已。

人生那么多未知，都排队等着我们，为什么不去大胆尝试？或许你会发现，有意外收获……

旅游不在乎终点，而是勇敢地走出第一步，面对即将在沿途中遇见的人和经历的

事，包括留在脑海中的那些美好记忆和心情。

NADI AIRPORT
Les Cuisines du Château

Libération
WEEKEND
ISLAMOPHOBIE
Le mot
qui
Le Journal
du Dimanche
Le dossier explosi
des demandeurs d'asi
Le Monde
Fin de vie, PMA :
la gauche remanie le Comité
LE FIGARO
Hollande
offre une taxe
aux Verts
NE PAS
MANQUER !

我扛着相机游走在巴黎街头，捕捉每一个镜头。我知道，旅行不是一次出行，也不只是一个假期。旅行是一个发现自我的过程，真正的旅行让我们直面自我。旅行不仅让我们看到世界，更让我们看到自己在其中的位置。

-NOV-08

Editions
Paris
Paris
Paris
Paris

HARA
KIRI
LES
ANNÉES
CHARLIE
CAVANNA
REZA
LES FLEURS

7 JOU
3,90€
3,50€
3,00€
6,90€
4,50€

PARIS 1
PL. DE LA BOURSE

PARIS
LESCARSROUGES

清晨，坐在从巴黎前往安纳西的火车上，沿途风景还是很美的。出现在我前方的，是每一站不同的绚丽。随着火车弯曲而行，我看到了雾气弥漫的湖面、云雾缭绕的山丘，还有牛羊成群的田野……望着它们，我渐渐睡着了。法国之行我安排了满满的行程，我不想耽误时光，甚至想徒步走完每一处，趁我现在还年轻。

Paris

GAZINE
Solutions de gestion
Curieux
de voir un client satisfait
de son ERP ?

RESTAURANT

如果可以回到小时候，我会告诉那个还没长大的我：将来，一定要做个内心坚强的人，朋友值得依赖的人，即使在寒冷的冬天，无论谁想起你……心里都会暖暖的一个人。

感情

F e e l i n g .

我赤脚站在尼斯的蔚蓝海岸，海水清澈见底，还有人们在岸边垂钓。把心态放平静，享受生活，也许就是当地人的信仰吧。一个有信仰的人生，不管成不成功，至少不会迷茫。那你呢？什么时候踏上旅程？记得，不要有一天等我们老去时才说，曾经最想去的地方，要是当时去了就好了……

人生就是一场旅行，能走多远，不在于你的双脚，而在于你的眼和你的心。

留下脚印，带走记忆。

La Tonnelle
Depuis 1979

GUINGUETTE
OLD LAGER
La Tonnelle
Depuis 1979
sourire compris
Artisan Glacier · Guinguette

当我抵达普罗旺斯，看见成片的向日葵，闻见迷人的薰衣草香，走过铺满石头的小路抵达最高山峰的时候，那个梦想中的自己，那个曾经丢失的自己，那个豁然开朗的自己……都在这里相遇了，她们面对着彼此百感交集，心里却充满着喜悦。

勇敢远行
在我们老去之前
Travel when we are young.

在我们老去之前 勇敢远行

作词：陈彦妃 椰果大大

作曲：陈彦妃

编曲：郑楠

天边的晚霞 美的像童话
她不说话 那幅画 牵挂
她紧闭双眼 梦想倔强萌芽
清晨 行李箱 带着梦 出发
乘着风 载着梦 阳光跟随她的步伐
现在不去想 世界多复杂
一个人 不要怕
勇敢远行 在我们老去之前
才遇见 错过的 青春和年华

温柔的铁塔 塞纳河的夕阳
许一个愿 这个愿会实现
向日葵的能量 安纳西的光芒
天 香的风 香的梦 开花
乘着风 载着梦 阳光跟随她的步伐
现在不去想 世界多复杂
一个人 不要怕
勇敢远行 在我们老去之前
才遇见 错过的 青春和年华

错过的 别害怕
在老去之前 勇敢爱 好吗？

《微凉的指尖》

作词：章馨月 作曲：朱木 编曲：郑楠

又见到你笑脸 我说你一点没变
多随意的表演
时间飞跃一瞬间 就像回到从前
但这应该不是我要的从前

下雨天的季节 再次走完这条街
多熟悉的画面
一首情歌两人 循环了好几遍
紧握着双拳都没说想念 No

微凉的指尖 像昨天正远去的纪念
涌出无言 随时间会好一点
你已经走远 明天用什么去留恋
和回忆擦肩 不回头 要向前

海吞没了思念 仿佛你从没出现
那过往成碎片
没温度的春天 透过泡渐渐蔓延
你和我也许 都不曾牵绊

微凉的指尖 像昨天正远去的纪念
涌出无言 随时间会好一点
你已经走远 明天用什么去留恋
梦没有了你 要怎么向前……

微凉的指尖 红的眼不想让你看见
怎么哭了 你会不会舍不得
回到那一天
那海边 定格 永远
感谢你出现 曾是我的世界。

阳光的意义

作词：林乔
陈彦妃
作曲：朱杰

我独自走在街上
倔强的努力说会遗忘
渐渐流落的星光　风带不走我
随陌生的人来人往

还没下够的雨天
隐藏无数次依然想念
生命也许都一样
有坠落有飞翔
明知道不够完美　也很难忘

当一缕阳光照向我
把勇敢抓在手上
假装感动盖过我心酸的眼眶
就让夜再漆黑一点
沮丧时孤单的想念
承诺是你说好的　那然后呢

当一缕阳光照向我
把勇敢抓在手上
我要让它成为家人般的光芒
我会努力学会微笑　努力收藏你的美好
等下一次天亮了
我终于能说出我　爱过……

图书在版编目（CIP）数据

勇敢远行，在我们老去之前 / 陈彦妃著 . 一北京：世界知识出版社，2013.12
ISBN 978-7-5012-4581-9

Ⅰ . ①勇… Ⅱ . ①陈… Ⅲ . ①陈彦妃一生平事迹一摄影集Ⅳ . ① K825.78—64

中国版本图书馆 CIP 数据核字（2013）第 288007 号

责任编辑　龚玲琳　余　岚
责任出版　刘　喆
责任校对　张　琨

出品人 / 监制　陈彦妃　赵　雷
总 策 划　陈彦妃
执　　行　王璇璋　吴　疆　陈大爱
摄　　影　黄剑锋
造　　型　Sugar

书　　名　勇敢远行，在我们老去之前
Yonggan Yuanxing，Zai Women Laoqu Zhiqian
作　　者　陈彦妃

出版发行　世界知识出版社
地址邮编　北京市东城区干面胡同 51 号（100010）
经　　销　新华书店
印　　刷　小森印刷（北京）有限公司
开本印张　787×1092 毫米　1/16　5 印张
字　　数　40 千字
版次印次　2014 年 1 月第一版　2014 年 1 月第一次印刷
标准书号　ISBN 978-7-5012-4581-9
定　　价　64.00 元

版权所有　翻版必究